Philippe Godard

La vie des enfants travailleurs

pendant la révolution industrielle

Éditions du Sorbier

Sommaire

Introduction

▲ À l'époque de la révolution industrielle, les ouvriers et les mineurs, adultes et enfants, travaillent six jours par semaine, et plus de douze heures par jour. Les moments de détente sont très rares !

La révolution industrielle est un passage entre deux mondes. Vers 1815, l'agriculture est l'activité la plus importante en France et en Europe ; à partir de 1880, c'est l'industrie qui domine la société. L'industrie emploie des ouvriers à domicile ou dans de grands établissements appelés «fabriques» ou «manufactures». On construit des chemins de fer. On découvre de nouveaux gisements de charbon et on ouvre des mines pour les exploiter.

Cette période est une révolution parce que tous ces bouleversements se sont produits en très peu de temps, et que la vie quotidienne n'a plus jamais été comme avant.

Des artisans perdent leur travail à cause des machines qui produisent plus vite et à moindre prix. Les paysans sont chassés des terres qu'ils cultivent par les machines agricoles et se font embaucher à la mine ou à la fabrique. Enfin, les enfants, comme leurs parents, doivent travailler pour gagner un peu d'argent. En effet, les salaires que reçoivent les ouvriers sont beaucoup trop bas pour qu'une famille puisse vivre sans que les enfants travaillent.

Comment vivaient ces filles et ces garçons, qui travaillaient parfois à la fabrique dès l'âge de six ans ? Ils n'ont pu aller à l'école et ne savaient ni lire ni écrire. Ils n'ont donc pas pu raconter leur vie. Heureusement, des adultes, des savants, des écrivains ont dénoncé le drame de ces petits travailleurs. Grâce aux enquêtes et aux livres qu'ils ont publiés, nous allons découvrir la vie de ces enfants, chez eux et au travail.

▲ Avec la révolution industrielle, le paysage de la France change. De nouveaux centres industriels apparaissent près des villes. On voit de plus en plus d'usines dont les cheminées dégagent beaucoup de fumée, comme sur ce tableau.

La révolution industrielle

À partir de 1750, des ingénieurs et des savants inventent de nombreuses machines ; le travail mécanique effectué par les machines remplace peu à peu le travail traditionnel, à la main, des artisans. Tout s'accélère à partir de 1769, lorsque James Watt, un Anglais, améliore la machine à vapeur et la transforme en un moteur puissant*. Grâce à lui, on récupère si bien la force de la vapeur qui s'échappe de l'eau bouillante que l'on parvient à faire tourner de gros moteurs. On n'a plus besoin, comme auparavant, d'utiliser les hommes ou les chevaux pour actionner les leviers ou transporter les marchandises... Avec la vapeur, le travail des machines s'étend partout : c'est la naissance de la grande industrie. Il y a des machines pour travailler le métal, le bois, le verre, la laine, le lin ou le coton...

* La force de la vapeur est connue depuis l'Antiquité, mais Denis Papin, en 1679, a été le premier à chercher à utiliser la force de la vapeur pour actionner des machines. Il est aussi l'inventeur d'une sorte de marmite à vapeur, qui ressemble aux Cocotte-Minute modernes.

Vers 1805, les premières locomotives traînaient derrière elles un wagon rempli de charbon. Sur cette illustration, deux hommes alimentent la chaudière pour faire avancer la locomotive.

Il y a des machines à fondre, presser, limer, scier, découper, filer, tisser... La machine-outil industrielle est inventée en 1774 : ce n'est plus la main de l'artisan qui guide l'outil, c'est une machine qui l'actionne et fait le travail. Dans l'industrie du textile, les métiers à tisser mécaniques datent des années 1785. En 1804, le Français Jacquard invente un métier, encore utilisé de nos jours, qui permet de tisser ces motifs très compliqués. Dans les mines, on extrait de plus en plus de charbon pour faire chauffer toutes les chaudières des machines à vapeur. Grâce aux chemins de fer, les locomotives à vapeur transportent plus vite le charbon et les marchandises. Les productions de fer, de verre, de tissu, entre autres, augmentent d'une façon considérable.

▲ **Joseph Marie Jacquard (1752-1834) a l'idée d'utiliser des cartons perforés qui reproduisent des motifs très compliqués sur les tissus. Ces cartons peuvent être réutilisés de nombreuses fois et permettent une production à plus grande échelle.**

▲ **Dans l'agriculture, on utilise des machines à battre le blé qui permettent de séparer le grain de la paille. Ici, un paysan conduit une machine à battre le blé et travaille beaucoup plus vite.**

▼ Les marteaux-pilons sont d'énormes machines qui permettent de forger des pièces métalliques en frappant très fort sur un morceau de métal posé sur une enclume. Ces machines accélèrent le travail et permettent d'augmenter les capacités de production de pièces métalliques.

Pour faire fonctionner les machines, il faut de nombreux ouvriers. D'où viennent-ils ? De la campagne, d'abord, où beaucoup de paysans sont trop pauvres pour survivre. Alors, ils s'en vont en ville pour chercher du travail. En Angleterre, jusqu'au XVIIIe siècle, les paysans ne possédaient pas de champs, mais pouvaient cultiver des terrains communaux qui appartenaient au seigneur du village. Des lois des années 1760 chassent ces paysans, qui se retrouvent sans travail et sans argent. L'Angleterre est alors le premier pays du monde à se lancer dans la révolution industrielle : il y a tant de paysans au chômage pour faire fonctionner les nouvelles machines !

En France, les paysans ne rejoignent pas les villes aussi tôt qu'en Angleterre. Jusqu'en 1815, sous Napoléon Ier, la France est en guerre, ce qui n'est pas favorable à son commerce et à son industrie. On ne trouve alors de fabriques qu'à Paris, dans le Nord, en Lorraine, en Alsace et dans la région de Lyon. Mais, soixante ans plus tard, elles envahissent, presque partout, le paysage avec leurs très hautes cheminées de brique ! En 1815, on comptait environ deux cents machines à vapeur en France ; en 1850, il y en a près de six mille ! Au même moment, il y en a sept fois plus en Angleterre. Les paysans ne sont pas les seuls à se transformer en ouvriers. En Angleterre, comme en France et ailleurs en Europe, la révolution industrielle fait disparaître

▲ Ce tisserand travaille à domicile. Il a besoin de beaucoup de lumière pour bien voir les fils. Savoir utiliser un métier à tisser est difficile et très physique. Le tisserand souffrait souvent de courbatures.

beaucoup d'ateliers d'artisan. Les machines travaillent très vite et permettent d'obtenir des marchandises à très bas prix, bien moins chères que les objets fabriqués à la main. Ceux-ci ne se vendent plus, et les artisans se retrouvent au chômage. Ils vont alors se faire embaucher par les fabriques.

Le travail mécanique est très différent de celui de l'artisan : la machine «sait» ce qu'il faut faire. Les propriétaires des fabriques n'ont plus besoin d'ouvriers trop qualifiés, qui savent bien manier leurs outils et qui, du coup, veulent un bon salaire. Ils préfèrent employer des enfants, qu'ils paient moins parce qu'ils ne connaissent pas le métier aussi bien qu'un artisan. Ces enfants peuvent même apprendre le travail, de plus en plus simple, aussi vite que les adultes.

Filles et garçons découvrent alors l'univers de la fabrique. Ils doivent travailler en équipe avec des adultes et respecter les règles très dures que fixe le patron. Et, le soir, les petits travailleurs sont si fatigués qu'ils n'ont que le courage de se coucher.

Toinou

travaille à la sucrerie

Toinou a fêté ses dix ans le 15 juin 1863. Depuis qu'il a six ans, il a travaillé aux champs avec son père qui était ouvrier agricole. Mais le fermier n'a plus besoin de lui : il vient d'acheter une moissonneuse-javeleuse, un engin qui fauche les blés et les rejette automatiquement en petits tas sur le sol. Cette machine, tirée par un cheval, fait à elle seule le travail de plusieurs ouvriers. Toinou, ses parents et ses sœurs quittent donc leur fermette.

Ils partent pour la ville, où le père a trouvé du travail à la sucrerie. Il sait que c'est pénible et dangereux : il faut râper les betteraves, faire bouillir le sirop de sucre... Il espère pourtant que Toinou pourra travailler dans une salle qui s'appelle l'« emplie », même si la chaleur y est infernale, car cela rapportera un peu d'argent à la famille. Le travail est simple : penchés au-dessus de grandes chaudières, les enfants écument les sirops en ébullition à l'aide de passoires munies de manches, pour en ôter les petits déchets qui remontent à la surface. Mais si Toinou travaille à la sucrerie, quand pourra-t-il jouer ?

Travail à la sucrerie de Saint-Leu-d'Esserent, dans l'Oise. Un ouvrier remplit des sacs de pulpe de betterave, pulpe qui sera ensuite transformée en sucre.

Les enfants travaillent

Avant l'apparition des fabriques, les enfants vivaient presque tous à la campagne. Ils travaillaient surtout au moment des moissons. Avec les femmes, les enfants ramassaient les gerbes de blé que les hommes venaient de faucher, puis ils battaient les blés pour en extraire le grain. Ils se servaient alors de fléaux, ces outils formés d'une palette de bois reliée à un long manche par une courroie de cuir. Ils tapaient avec le fléau

Ces hommes battent le blé à l'aide de fléaux. Souvent, ce travail était confié aux enfants et aux femmes.

Les enfants en haillons travaillent dans une briqueterie. Ils emportent la terre jusqu'aux moules et les remplissent. Après un temps de séchage, les moules sont ensuite mis à cuire dans des fours. Ce travail est épuisant pour des enfants, car la terre est très lourde, surtout pour leurs petites épaules.

sur le blé, et le grain se séparait de l'épi. En dehors des récoltes, les filles aidaient leur mère à la maison, et elles apprenaient à tisser et à filer la laine, ou à tricoter. Les garçons, eux, réparaient les outils avec leur père, s'entraînaient à fabriquer des paniers ou des manches en bois. Toutes ces tâches effectuées par les enfants étaient très utiles puisqu'ils apprenaient leur futur métier. Ils allaient aussi parfois à l'école, mais elle n'était pas obligatoire. Il n'y avait pas d'écoles partout, et beaucoup de parents trouvaient cela cher et inutile !

Avec les machines, tout change. Elles remplacent les paysans et les artisans, et rendent le travail très simple. Elles sont si puissantes et si rapides que les ouvriers n'ont même pas besoin de posséder une grande force musculaire. Du coup, les patrons préfèrent employer des enfants, filles et garçons.

Avec les machines, les enfants n'apprennent plus rien d'utile, car les gestes qu'ils font sont toujours les mêmes. La plupart des enfants doivent approvisionner les machines, en charbon, minerai, fil... et, comme la machine travaille toujours de la même façon, c'est très répétitif. Ce travail ne permet pas d'apprendre un métier, il ne sert qu'à gagner un tout petit peu d'argent.

Bien sûr, gagner de l'argent est important, car, désormais, les ouvriers n'ont plus que leurs salaires pour vivre. Lorsqu'ils étaient paysans, ils pouvaient toujours cultiver un grand jardin ou envoyer les enfants récolter des châtaignes quand il n'y avait plus rien à manger. Mais avec un travail de quinze heures par jour pour une fabrique, on n'a plus le temps de jardiner.

Beaucoup de pauvres gens (les paysans et les artisans au chômage) cherchent à se faire embaucher, ils se font concurrence et acceptent des salaires très bas. Ces salaires sont insuffisants pour payer le boulanger, l'épicier et le propriétaire du logement. Seule solution : mettre les enfants au travail. Ce

◄ Cet enfant transporte sur sa tête des briques qui serviront à construire une cheminée. Il peut tomber à tout instant. Certains métiers étaient vraiment dangereux.

sont donc les parents qui font embaucher leurs propres enfants. Certains vont ainsi travailler à la fabrique alors qu'ils n'ont même pas six ans !

Beaucoup d'adultes se rendent compte que faire travailler les enfants n'est pas bon, ni pour leur santé ni pour leur éducation. Mais comment faire autrement ? Les patrons des fabriques, qui pourraient très bien décider de ne plus embaucher d'enfants, sont trop contents de trouver ces petits ouvriers qui ne coûtent presque rien. Ils refusent également d'augmenter les salaires, car les marchandises coûteront plus cher et ne se vendront pas. Le pays sera alors envahi par les marchandises des pays étrangers, qui, eux, n'hésitent pas à employer des enfants pour obtenir des marchandises à bas prix. C'est la règle de la concurrence !

Le gouvernement aurait aussi pu interdire le travail des enfants au-dessous d'un certain âge. Mais, disent les patrons, si le gouvernement empêche les industries de faire travailler les enfants, elles vont se retrouver en difficulté à cause de la concurrence, et les ouvriers seront au chômage. Ce serait encore pis que de faire travailler toute la famille pour un petit salaire.

La seule solution semble donc de continuer à faire travailler les enfants, pensent la plupart des adultes. Les enfants doivent même travailler autant que leurs parents, sinon que feraient-ils en attendant que leur père ou leur mère rentre à la maison ?

▲ **Les jeunes travailleurs d'un atelier de fabrication de boulons posent pour la photo. Souvent, les patrons des petits ateliers faisaient des photos de leurs ouvriers pour bien montrer que les travailleurs de leur fabrique formaient une grande famille !**

Léon

le galibot

Blanzy, c'est en Saône-et-Loire, à une centaine de kilomètres au nord-ouest de Lyon. L'exploitation industrielle du charbon y a débuté en 1834, lorsque M. Jules Chagot a fondé sa Société des mines de houille de Blanzy. La mine a alors commencé à avaler les habitants de la région. Hommes, enfants et chevaux : tous sont descendus sous terre pour gratter, creuser, piocher et, enfin, rapporter le charbon jusqu'à la surface. Léon est né en 1853, l'année même où son père est descendu pour la première fois au fond de la mine. Son père a été le premier mineur de la famille. Il a abandonné très jeune son métier de paysan, car on gagne plus d'argent à la mine qu'aux champs.

Léon a douze ans. Il est descendu au fond à dix ans. Depuis, il est devenu un vrai galibot – un petit mineur. Léon travaille tous les jours, sauf le dimanche.

Il fait tellement chaud au fond des galeries que Léon travaille presque tout nu. Chaque matin, il descend le puits Saint-Claude avec son père et les autres mineurs, grâce à la « cage », un ascenseur grillagé qui les emmène d'un coup à quatre cents mètres de profondeur, à une vitesse vertigineuse.

Léon travaille avec un cheval, descendu lui aussi au fond de la mine. Le cheval s'appelle Hercule, il a cinq ans, et Léon l'aime bien. Hercule restera toute sa vie au fond : on lui apporte chaque jour de l'avoine, et il vit là

▲ *Au Creusot, en 1854, des mineurs descendent au fond de la mine.*
Avant d'utiliser les cages mues par la vapeur, les mineurs devaient descendre et remonter par des échelles, ce qui prenait des dizaines de minutes quand le fond se trouvait à quatre cents ou cinq cents mètres !

▲ *On utilisait les chevaux au fond des mines pour tirer les wagonnets remplis de minerai.*

avec quelques autres chevaux. Le travail de Léon et d'Hercule consiste à tirer les wagonnets en bois remplis de charbon, depuis le fond de la galerie principale jusqu'au bas du puits. Là, les wagonnets sont remontés à la surface par la cage. Hercule tire, Léon conduit.

Le midi, Léon retrouve son père et les autres mineurs pour un bon repas que sa mère a préparé très tôt le matin: des pommes de terre cuites, du pain et un peu de petit salé de porc. Le soir, après sa journée de travail, Léon se rhabille, et les mineurs se retrouvent au pied de la cage. Ils remontent rapidement vers le «plâtre», la surface. Au vestiaire, chacun raccroche sa lampe. On rechausse les sabots, et Léon rentre chez lui. Une fois les mineurs partis, les lampistes, qui sont les ouvriers spécialement chargés de l'entretien des lampes, viendront les nettoyer et les remplir du combustible qui, en brûlant, fera de la lumière ; il faut en mettre assez pour que la lampe éclaire toute la journée.

À la maison, maman a fait chauffer de l'eau, et Léon se précipite dans le baquet pour se laver, se gratter même, tellement la poussière noire colle au corps. À grands coups d'eau savonneuse, Léon redevient blanc ! Sa mère le sèche, et c'est maintenant à son père de se laver. Puis, pendant que maman prépare le souper, Léon a enfin le temps de jouer aux quilles avec ses frères et sœurs.

▲ *La lampe de mineur est indispensable, et chacun en prend grand soin.*

◄ Grâce à des courroies de cuir, les poulies font tourner la machine. Un même axe peut faire fonctionner plusieurs machines.

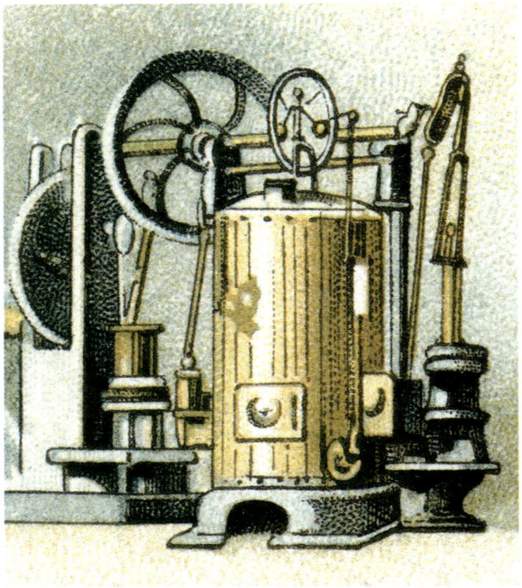

▲ La chaudière à vapeur fait tourner un axe de métal sur lequel se trouvent de grosses poulies.

Une journée à la fabrique

Pour faire tourner ses machines, chaque manufacture possède un ou plusieurs moteurs puissants qui fonctionnent à la vapeur ou utilisent une chute d'eau, tout comme un moulin à eau. Le moteur, ou la chute d'eau, fait tourner un axe le long duquel se trouvent des engrenages et des poulies reliées à d'autres poulies par de fortes courroies de cuir. L'axe fait tourner les engrenages et les poulies, qui entraînent toutes les machines de la manufacture, installées en rang les unes à côté des autres. Ce système permet à un seul moteur de transmettre son énergie à plusieurs machines. Une manufacture est ainsi comme un gigantesque automate : les ouvriers ne sont là que pour alimenter les machines.

Les enfants effectuent les travaux les plus simples. On les appelle des «manœuvres», car ils ne font qu'utiliser leurs mains et n'ont pas besoin de réfléchir. Leur travail consiste le plus souvent à aider les adultes ou à fournir à la machine sa matière première, par exemple le fil pour un métier à tisser. Parfois, les enfants effectuent un travail que personne ne peut faire, comme dans les filatures où les petits rattacheurs doivent se glisser sous les métiers à tisser pour renouer les fils qui ont cassé – les métiers à tisser sont trop bas pour qu'un adulte puisse se glisser par-dessous. Les enfants peuvent également préparer la matière première pour la machine. Ainsi, les peigneurs doivent nettoyer la laine pour en retirer les brindilles ou les petites saletés qui y sont accrochées. La laine sera ensuite lavée et utilisée par les métiers à filer et à tisser.

Les enfants n'ont pas le temps de se reposer, car la fabrique-automate ne peut s'arrêter. Les ouvriers travaillent en équipe, et les enfants doivent aller vite. Pour filer le coton, un adulte actionne une machine à filer, aidé par deux ou trois enfants. Une telle équipe, composée d'un adulte, de deux petits rattacheurs et d'un bobineur qui surveille et change les bobines où s'en-roule le fil, produit autant que six cents personnes avec des métiers manuels ! Comme dans toute équipe, il faut de la discipline. Il n'est donc pas question d'entreprendre autre chose. D'ailleurs, plus on travaille, plus on produit de fil et plus on est payé. Dans les filatures, c'est le chef de chacune de ces petites équipes qui touche le salaire du groupe et le redistribue aux enfants qui l'aident. Si un enfant tombe avec un mauvais chef d'équipe, il peut se faire gronder, et même battre.

▼ **Gare à la punition ! Ce petit travailleur qui est distrait et qui ne fait pas sérieusement son travail reçoit une volée.**

Les enfants doivent respecter les nombreuses interdictions : dans toutes les fabriques, il est interdit de s'arrêter de travailler ou de quitter son atelier sans autorisation et même parfois de s'asseoir un instant. Le contremaître, qui surveille les équipes, tient un cahier de punitions, et, au moment de la paie, le patron fait payer des amendes aux ouvriers, adultes comme enfants.

RÉGLEMENT

POUR

LA RAFINERIE DE PASSY.

Art. Ier. Tous les Ouvriers sont tenus d'être à l'ouvrage à Cinq heures du matin, en hiver comme en été.

2°. Ils ont Une heure pour le Déjeûner, depuis huit jusqu'à neuf.

3°. Une heure pour le Dîner, depuis midi à une heure.

4°. Une Demi-heure pour le Goûter, depuis quatre heures à quatre heures et demie.

5°. La Journée finit à Six heures.

6°. Quand on est de Rafinage, ceux qui sont aux Chaudières, à l'Empli, et au Bac à forme, ont fini leur journée après le dernier Mouvage.

7°. Le Clarifieur et son garçon finissent leur journée lorsque les quatre chaudières sont passées.

8°. Le Contre-maître distribue l'ouvrage à tous les Ouvriers.

9°. Tous les Chefs et Ouvriers de la Rafinerie sont tenus de rentrer avant Dix heures du soir.

10°. Il est fait une Ronde tous les soirs, après l'ouvrage, pour fermer les portes et contrevents, et s'assurer que les feux sont éteints.

11°. Deux Ouvriers sont de garde le Dimanche, à tour de rôle, et ne peuvent s'absenter ce jour-là.

12°. La Paye se fait tous les Samedis, après l'ouvrage.

Passy, le 15 Ventôse an XII.

MARCELLINE

LA BOBINEUSE

Marcelline a neuf ans et habite un petit village des alentours de Saint-Quentin, dans le nord de la France. Elle ne connaît pas son père : il buvait trop d'alcool et il a abandonné sa mère quelques jours avant sa naissance. Il y a un an, sa mère a fait embaucher Marcelline à la filature comme bobineuse. Marcelline surveille les fils de coton et, avec un balai, elle nettoie la bobine sur laquelle le fil s'enroule, car le coton répand toujours des petits déchets, qu'il faut sans cesse enlever. Le travail est répétitif, et il épuise Marcelline. Pourtant, la salle où elle travaille est bien éclairée, et il n'y fait jamais froid grâce aux machines.

Chaque matin, vers 5 heures, même en hiver dans la neige, Marcelline part avec un seul morceau de pain. Elle marche avec sa mère pendant plus d'une heure pour rejoindre la fabrique. À la pause de midi, Marcelline n'a mangé que son morceau de pain. Le soir, elle a faim, mais parfois sa mère est si fatiguée qu'elle ne prépare pour le souper que du pain trempé dans de la bière.

◀ ***Dans cet atelier, les petites filles, comme Marcelline, aident les femmes en préparant les fils, rangés en bobines selon leur couleur ou leur matière.***

► **Les enfants sont exploités et on leur donne les tâches les plus pénibles. Comme ces deux petits travailleurs qui transportent une carriole de bois bien trop lourde pour eux.**

Que c'est fatigant !

Les enfants doivent se lever à 5 ou 6 heures du matin. Ils ont à peine le temps de manger un morceau de pain, et les voilà partis, vite, pour arriver au travail à l'ouverture des ateliers.

À l'usine ou à domicile, la journée de travail d'un enfant est toujours trop longue : quatorze ou quinze heures, parfois davantage. Dans les ateliers, la chaleur est souvent insupportable, à cause du feu nécessaire pour le fonctionnement des chaudières à vapeur. Dans les manufactures de textile, il faut qu'il fasse chaud et humide pour que les fils ne se cassent pas. Les portes restent fermées pour éviter que les poussières de lin ou de coton ne volent partout dans les ateliers. La température atteint jusqu'à 50 degrés Celsius dans les filatures, et plus de 80 dans les forges *, où des enfants travaillent avec les adultes près des fours.

Les dangers qui guettent les enfants sont nombreux. La vitesse des machines multiplie les risques : si les

* Les forges sont les ateliers où l'on travaille les métaux.

doigts hésitent devant un engrenage ou une courroie, ils risquent d'être happés et coupés. Des accidents se produisent parce que les ouvriers demandent aux enfants de nettoyer la machine alors qu'elle est en mouvement, ce qui est très dangereux. C'est interdit, mais les ouvriers ne veulent pas arrêter les machines, car les patrons ne paient pas le temps passé sur une machine qui est arrêtée.

Dans les mines, le danger principal est l'éboulement d'une galerie. Là encore, les mineurs doivent travailler vite, et souvent ils ne mettent pas assez de poutres de bois pour soutenir le plafond des galeries. Il y a aussi l'eau, qui peut monter en quelques minutes à cause d'une pluie torrentielle. Parfois, un mineur, sans le savoir, perce d'un coup de pic la paroi d'une ancienne galerie abandonnée, qui s'est remplie d'eau infiltrée depuis une nappe souterraine. L'eau jaillit, et les mineurs n'ont pas le temps de s'échapper.

En travaillant dans des lieux humides, sales, poussiéreux et bruyants, les enfants attrapent également de graves maladies. Dans les filatures, ils sont en mauvaise santé parce qu'ils

▲ **À la fonderie où l'on fabrique des objets en métal,
cet enfant attend pour transporter une pièce de métal rougie au feu.
Le travail est pénible, les ateliers sont très bruyants et il y règne une chaleur infernale.**

▶ **Les petits malades n'ont pas tous la chance de se retrouver dans de bons draps bien propres à l'hôpital, comme l'enfant sur le tableau. À l'époque, il n'y a pas de Sécurité sociale, et les parents doivent payer l'hospitalisation de leurs enfants.**

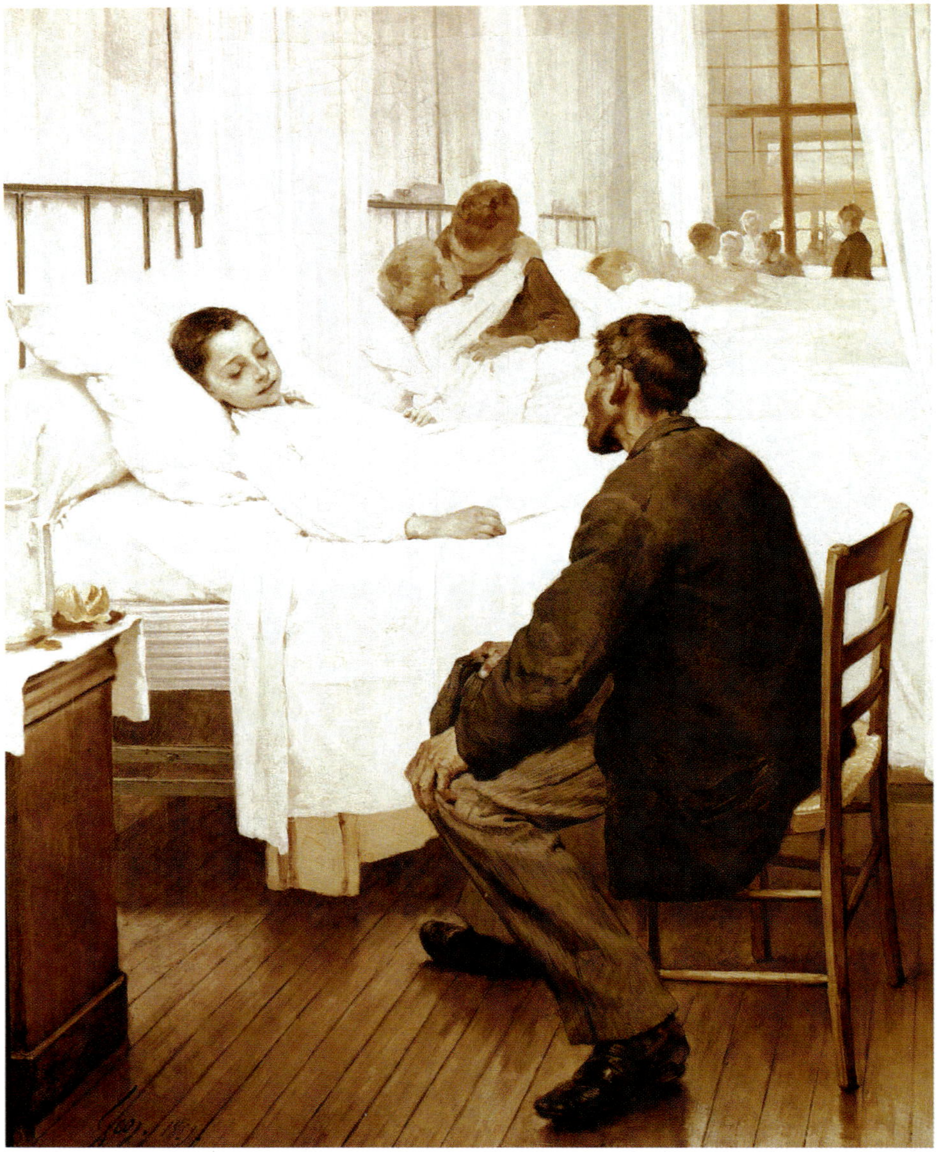

respirent des poussières de lin ou de coton qui les font tousser et abîment leurs poumons, ce qui provoque une maladie mortelle, la phtisie pulmonaire. Les mineurs attrapent eux aussi des maladies de poitrine que l'on ne sait pas soigner. Ce n'est qu'à la fin du XIXe siècle que les médecins découvriront que cette maladie est produite par la poussière de silice, un minéral. On l'appellera alors la « silicose du mineur ». Dans l'industrie des allumettes, on utilise une matière qui s'enflamme facilement : le phosphore ; or le phosphore finit par faire tomber les dents des enfants...

Les salaires des enfants correspondent à peu près au coût de leur nourriture. Les parents qui font travailler leurs enfants peuvent donc les nourrir, mais pas question de faire de petites économies pour les soigner. Les enfants de moins de douze ans gagnent environ deux fois moins que les femmes et quatre fois moins que les hommes. Pourtant, ils passent autant de temps à travailler que les adultes, puisque le travail se fait en équipe.

Louis-René Villermé

s'intéresse aux pauvres

Grâce à Villermé et à son rapport sur le travail dans les industries textiles, les adultes ont commencé à prendre conscience du drame que vivaient les petits travailleurs.

Louis-René Villermé est né en 1782. Il a vécu durant la révolution industrielle. Il a d'abord été chirurgien militaire dans la Grande Armée de Napoléon Ier, de 1803 à 1814. Il est alors l'un des rares médecins qui s'intéressent à la question de l'hygiène : une plaie mal nettoyée peut s'infecter, et le blessé peut mourir très rapidement.

À partir de 1815, Villermé commence à étudier les populations les plus défavorisées, qui connaissent les conditions de vie les plus dures. Il publie des articles sur la santé des prisonniers ou des galériens, qui sont condamnés à ramer sur les bateaux de la marine de guerre. Il a l'idée de comparer la vie des gens riches à celle des pauvres. Il remarque que les riches vivent plus vieux, mangent mieux et sont moins souvent malades que les pauvres. Leurs maladies se guérissent plus vite que celles des pauvres.

En 1832, une terrible épidémie de choléra frappe la France. Le choléra empêche le corps de garder l'eau dont il a besoin, et les malades meurent en quelques jours. Il y a des milliers de morts. Villermé constate qu'il y a de grandes différences entre les quartiers de

▼ *Dans les villes, les jeunes ouvriers vêtus de haillons, comme ce petit ramoneur, côtoient les enfants des familles aisées. Les petits travailleurs n'ont presque aucun espoir de sortir de leur condition misérable.*

Paris. Dans les endroits les plus pauvres et les plus sales, sans hygiène, il y a beaucoup plus de morts qu'ailleurs.

Grâce à toutes ces études, Villermé devient un médecin connu. En 1832, il est élu à l'Académie des sciences morales et politiques ; cette assemblée de savants s'occupe justement de proposer des idées, des solutions aux problèmes de la France. Or l'un des grands débats du moment, ce sont les conditions de vie des ouvriers, et particulièrement des enfants travailleurs. L'Académie confie une étude à Villermé : elle le charge de décrire l'état physique et moral des ouvriers, leur santé, leur nourriture, leur logement, mais aussi leurs distractions, leur façon de vivre... Villermé fait une grande enquête à travers la France, pour donner le plus de détails, être le plus précis possible. Il s'intéresse uniquement à l'industrie textile, qui est celle qui emploie le plus grand nombre d'ouvriers. L'enquête dure trois ans, de 1835 à 1838. Villermé rencontre des propriétaires de fabrique, des ouvriers, les regarde travailler à la manufacture et vivre chez eux. Il entre dans leurs logements, parle avec les ouvriers et leurs enfants. Non seulement il décrit ce qu'ils mangent, mais il goûte même leur pain et leur nourriture ! C'est lui qui a mesuré la température dans les forges, près des fours, ou dans les ateliers des filatures. Il compte le nombre de kilomètres que doivent parcourir les enfants pour se rendre à leur travail. Il n'oublie pas de noter s'ils ont des sabots ou s'ils vont pieds nus, si leurs vêtements sont propres, s'ils ont assez à manger...

Son enquête est publiée en 1840. Les Français découvrent alors les abominables conditions de vie des enfants travailleurs.

▲ *Au XIXe siècle, le choléra est l'une des maladies les plus dangereuses. Comme les conditions d'hygiène dans les quartiers pauvres sont très mauvaises, l'épidémie se propage très vite et tue de nombreux enfants.*

Les ouvriers ne se laissent pas faire. Ils lisent les journaux, organisent des conférences... Ensemble, ils cherchent à comprendre comment fonctionne le système de la grande industrie pour mieux le combattre et améliorer leur condition.

Tous en grève !

Les conditions de travail sont si mauvaises et les salaires si faibles que les ouvriers doivent lutter pour obtenir des augmentations de salaire et une diminution de la durée du travail. Ils n'ont pas d'avantages comme la Sécurité sociale, qui rembourse le médecin et les médicaments, même si, dans certaines industries, il existe des caisses de solidarité. Chaque ouvrier verse à la caisse une petite part de son salaire, et, s'il est malade ou blessé et qu'il ne peut pas travailler, la caisse de solidarité lui donne un peu d'argent pour payer le docteur et nourrir sa famille. Il n'existe pas non plus d'organisations comme les syndicats, pour défendre les ouvriers.

Ces mauvaises conditions de travail poussent les ouvriers à faire grève. De 1830 à 1870, dans toute l'Europe, le mouvement ouvrier devient de plus en plus important. Dès qu'une grève éclate, le gouvernement envoie l'armée pour faire peur aux ouvriers, afin qu'ils reprennent aussitôt le travail. Souvent, les soldats sont lancés contre les grévistes, et il y a des morts. Des enfants

▲ **Révoltés par leur condition misérable, des mineurs se mettent en grève. Mais des soldats veillent et sont prêts à intervenir si la grève tourne mal. Dans la plupart des pays, durant la révolution industrielle, la grève est illégale et interdite.**

sont parfois tués lors des bagarres, ou parce que des soldats ont peur de la foule et tirent pour se défendre. Le 16 juin 1869, lors d'une grève des mineurs de la Loire, un tout jeune enfant et douze adultes sont tués.

Les grèves démarrent très vite pour toutes sortes de raisons : par exemple, si des ouvriers ont eu leur salaire diminué par des amendes ou si des journées n'ont pas été payées parce qu'il n'y avait pas assez de travail. Dans les mines, un accident mortel pousse également les ouvriers à la grève.

Les enfants participent aux grèves avec leurs parents, même s'ils ne prennent pas la parole lors des réunions politiques. Mais la grève pour les petits travailleurs représente d'abord du repos. Ils peuvent se lever plus tard et porter leurs vêtements du dimanche puisqu'ils ne vont pas se salir à la fabrique. Surtout, ils restent avec papa et maman toute la journée. Si la grève continue, la vie devient de plus en plus difficile : les provisions s'épuisent ; l'épicier et le boulanger refusent de faire crédit aux parents, d'attendre

▲ **Les enfants sont parfois réduits à mendier quelques sous. Faire grève, ce n'est pas facile quand on n'a pas du tout d'économies. La mendicité est la dernière solution quand ni le boulanger ni l'épicier ne veulent faire crédit.**

qu'ils aient de nouveau de l'argent pour les payer. Alors, les enfants vont dans les champs cueillir des pissenlits – avec lesquels on fait une salade délicieuse –, et ils les vendent aux riches. En automne, ils vont chercher des châtaignes, ou même, chaparder quelques pommes dans le jardin du curé. Parfois, la grève dure si longtemps que les enfants sont obligés de mendier un peu de nourriture. Entre ouvriers et patron, c'est alors l'épreuve de force : soit le patron accepte ce que veulent les ouvriers, soit les ouvriers reprennent le chemin du travail sans avoir rien obtenu. Dans tous les cas, la grève est une fête pour les enfants travailleurs. C'est un moment où tout est différent, où tout ressemble à une vraie vie d'enfant. Partager l'espoir qu'ont les parents de connaître bientôt une vie meilleure. Et surtout, ne pas travailler !

Claude
Le petit peigneur

Toute la filature est en grève ! Claude a onze ans, il est peigneur. Ce qu'il fait chaque jour est épouvantable. Il doit nettoyer la laine avec un peigne qu'il chauffe dans un four pour qu'il glisse davantage le long des poils. La laine est enduite d'huile, toujours pour que le peigne glisse mieux, mais, avec la chaleur, elle empeste ! Après l'avoir peignée, Claude doit encore tendre la laine avec ses deux mains et, avec ses dents, il doit retirer les saletés qui sont restées accrochées. Tout ça est dégoûtant, mais les parents de Claude ne lui ont pas trouvé d'autre travail.

Aussi, pour Claude, la grève est un plaisir, un vrai bonheur ! Il va pouvoir aller jouer avec les copains dans la rue. Il va aussi au cabaret avec son père, où se tiennent les réunions des grévistes. Claude écoute ce qui se dit, et il comprend le but de la grève : être mieux payé, travailler moins longtemps. Hélas ! ses parents n'ont pas d'économies, et il n'y a plus rien à manger à la maison. Le soir, Claude va frapper à quelques portes : « Vous n'auriez pas une ou deux patates ? »

▲ ***Les peigneurs sont tous alignés avec juste ce qu'il faut de lumière, dans une atmosphère qui empeste la graisse. Au premier plan, Claude retire avec son peigne les impuretés de la laine.***

▶ Le soir, le repas en famille est l'un des rares moments que partagent les enfants travailleurs et leurs parents. Mais tout le monde est si fatigué que la soirée ne se prolonge guère, et les enfants vont vite au lit.

Enfin de retour chez soi...

Rentrer à la maison, c'est parfois à peine mieux que d'être au travail. En ville, les loyers que l'on paie pour les logements sont très élevés, et les ouvriers ont les maisons les moins agréables. Elles sont souvent humides et mal éclairées ; les plafonds sont bas, les murs sales. Lorsque la mère travaille à l'extérieur, la maison est mal tenue, car personne n'a le courage de la maintenir propre.

Les logements sont parfois très éloignés des mines ou des fabriques. Les loyers sont alors moins élevés, mais il faut marcher pour aller au travail. Si l'on habite plus près de l'usine, non seulement le loyer est plus élevé, mais il y a aussi moins de place. Pour partager les frais, il n'est pas rare que deux familles habitent ensemble.

Dans les mines du Nord, les patrons ont fait construire des corons, des cités ouvrières formées de petites maisons alignées autour d'une cour. Au centre de celle-ci, il y a une pompe pour l'eau et les toilettes, et, derrière chaque maison, de petits jardins, car les mineurs aiment planter des pommes de terre.

Cela demande peu de travail, et quelle fête quand les enfants les récoltent !

Les meubles ? À part le lit en bois des parents, parfois sans matelas, et un ou deux petits lits recouverts de paille, que se partagent les enfants, on ne trouve, chez les plus pauvres, que quelques chaises. Les ouvriers plus aisés, qui ont pu faire des économies, ont une armoire et une table. Un petit poêle à bois permet de faire la cuisine et de se chauffer l'hiver.

Quant à la nourriture, elle n'est pas variée, et les enfants mangent ce que leur donnent leurs parents. La pomme de terre constitue, avec le pain, l'aliment principal des ouvriers pauvres. Au petit déjeuner. la famille ne mange que le pain acheté chez le boulanger, avec, dans certaines régions, comme le Nord, du café et de la chicorée au lait. La confiture et le sucre sont trop chers. Au travail, la pause pour le repas de midi dure entre une heure et demie et deux heures ; les enfants mangent alors le morceau de pain donné par leurs parents le matin avant de partir.

◀ **Ces trois enfants, dont les parents travaillent toute la journée, sont livrés à eux-mêmes. Ils déambulent dans les rues en essayant de vendre des produits frais (pissenlits, œufs...).**

15

◀ **Les petites maisons ouvrières sont toutes semblables, et bien alignées les unes près des autres. C'est un univers triste mais, le soir, les enfants retrouvent leurs copains pour jouer ensemble et ne plus penser au travail.**

Pour le souper, toujours du pain, de blé ou de seigle, de la soupe avec des herbes, et surtout des pommes de terre ; les parents ajoutent du petit salé de porc ou de la morue, deux ou trois fois par semaine, une seule fois chez les plus pauvres. C'est un menu bien insuffisant pour la bonne croissance des enfants ! Du coup, ils sont plutôt petits et maigres. Les parents boivent souvent de la bière ou du vin, et parfois même trop : ils sont ivres. Comme certains parents ne connaissent pas les dangers de l'alcool, ils donnent du vin, du cidre ou de la bière à leurs enfants, même très jeunes.

La plupart des enfants travailleurs n'ont pas de souliers, car ils coûtent trop cher, et ils vont pieds nus, même l'hiver. Certains ont tout de même des sabots de bois. Ce n'est pas non plus facile d'être toujours propre, car il n'y a pas d'eau courante*, et le savon coûte cher. Pourtant, les enfants auraient bien besoin de se laver. Comme ils sont toujours près des machines, leurs vêtements sont tachés de graisse. Mais les vêtements sont hors de prix, ils en ont donc très peu : un pour le dimanche, un pour le travail.

* L'eau courante est apparue au début du XXe siècle, et parfois seulement vers 1950 dans certains villages de France. L'eau destinée à être bue n'est stérilisée que depuis 1886.

▲ **Le spectacle de marionnettes passionne les enfants, des tout-petits jusqu'aux plus grands ! Ici, un soldat avec sa fourche s'attaque au gentil Pierrot... Que va-t-il se passer ? Mais heureusement, au théâtre de Guignol, les méchants perdent toujours !**

Si la mère travaille à la maison ou si, comme les femmes de mineurs, elle ne travaille pas, tout est mieux pour les enfants. La maison est plus propre, et la nourriture mieux préparée, même si elle n'est pas plus abondante. Les femmes de mineurs veillent le soir pour recoudre les vêtements, qui remontent toujours très abîmés de la mine.

Le dimanche, seul jour de la semaine l'où on ne travaille pas, c'est la fête. Les pères de famille, parfois avec femme et enfants, vont au cabaret, où l'on peut boire, s'amuser et rencontrer les amis. On va aussi en famille au spectacle de marionnettes, qui ne coûte qu'un sou. À Lyon, la plus célèbre de toutes les marionnettes est Guignol, dont le créateur était un ouvrier de la soie, un canut. Chaque région possède ses propres personnages aux noms malicieux : dans le Nord, ce sont Bibi-Lolo, P'tit Morveux ou Capenoulle. Toutes ces marionnettes parlent de la vie difficile des ouvriers et des injustices...

Les canuts
de Lyon

La Croix-Rousse est un quartier fameux de Lyon, bâti sur une pente abrupte. C'est là que vivent et travaillent la plupart des ouvriers de la soie, les canuts. Le logement de la famille Gryphe est propre et haut de plafond, car il a été conçu pour installer deux métiers Jacquard. Or ceux-ci mesurent environ quatre mètres de haut ! Les fils de soie sont d'une taille millimétrique, et il faut de bons yeux et de la lumière pour tisser, aussi de grandes fenêtres laissent entrer la lumière.

Françoise, la fille aînée, a douze ans. Elle voudrait être remetteuse, comme sa mère ; c'est un métier recherché qui consiste à préparer avec beaucoup d'attention les fils de soie que va tisser le canut. Une bonne remetteuse, c'est l'assurance pour le canut que le tissage se déroulera sans problème. Aussi, on les paie bien.

Dès que le jour apparaît, le père, la mère et Françoise se lèvent. On ôte les grandes toiles avec lesquelles on couvre l'ouvrage chaque soir – il ne faut surtout pas que la soie se salisse. Le père monte sur sa banquette et lance son ouvrage.

Bis-tan-claque-pan : le bruit du métier va battre la tête durant toute la journée, qui dure quinze heures, et jusqu'à dix-huit heures s'il y a une très grosse commande à livrer rapidement.

M. Gryphe travaille sur son métier Jacquard haut de quatre mètres pendant que les enfants, trop petits pour travailler, s'amusent près du poêle. En haut de cette pièce, on peut voir une mezzanine où dorment la famille et les ouvriers.

▲ **Les enfants se mettent en rang sous l'œil sévère du maître. Au XIXe siècle, des écoles sont créées en France. Mais, avant 1882, l'école n'est pas obligatoire et les petits travailleurs n'y vont pas.**

Et l'école ?

Comment aller à l'école quand on travaille quatorze heures par jour ? C'est bien sûr impossible. À l'époque de la révolution industrielle, beaucoup d'adultes pensent que, de toute façon, les enfants travailleurs ne doivent pas aller à l'école. Certains patrons disent qu'apprendre ne sert à rien pour le travail et que, si les petits ouvriers vont à l'école, ils ne voudront plus revenir à la fabrique, car ils ne supporteront plus la vie qu'ils y mènent. Mais tout le monde n'est pas d'accord pour laisser travailler les enfants.

Le mouvement qui va aboutir à l'école obligatoire et gratuite commence pendant la révolution industrielle. En 1829, il y a en France 14 000 communes qui n'ont pas d'école, soit un peu moins de la moitié. En 1863, il n'y en a plus que 818. Des institutions religieuses et des communes ont en effet ouvert des écoles, mais les enfants travailleurs n'y vont pas. L'école ne deviendra obligatoire et gratuite qu'en 1882. Jusqu'à cette date, seuls les enfants dont les parents ont les moyens de payer fréquentent l'école.

▲ **Les rares moments de liberté des petits travailleurs leur permettent de se retrouver et de s'organiser entre eux pour jouer. Mais, comme à la fabrique, il y a souvent un chef de bande pour donner des ordres !**

Malgré tout, des instituteurs tentent des expériences pour amener les enfants travailleurs à l'école et leur apprendre au moins à lire et à écrire, en ouvrant des classes du soir gratuites. Cependant, les rares enfants qui ont eu le courage d'aller à l'école après le travail finissent par abandonner : ils sont trop fatigués. Si la classe gratuite a lieu le midi en dehors de la fabrique, les patrons exigent que les enfants rattrapent la petite heure qu'ils y ont passée sur le temps de leur repas. Manger ou s'instruire, il faut choisir... Mais d'autres patrons se soucient du bien-être de leurs ouvriers et ne sont pas d'accord avec cette façon de faire. Certains d'entre eux installent une salle de classe dans leur fabrique. Ils s'organisent pour avoir toujours assez d'enfants au travail pendant qu'un groupe suit la classe. Ces patrons constatent que les enfants sont ainsi moins fatigués et qu'ils ont plus de courage pour travailler. Du coup, ce n'est pas la peine de baisser leur salaire.

En dehors de la fabrique, les enfants travailleurs aiment jouer. Mais ils n'ont pas les moyens de s'acheter des jouets comme les enfants des familles aisées.

Aussi fabriquent-ils eux-mêmes leurs jouets. Une boule de chiffons entourée de ficelle devient un ballon, et de simples morceaux de bois sont des quilles. Quand les enfants ont un peu d'argent, ils achètent quelques billes en terre, ou bien ils jouent au bouchon : on met quelques pièces de monnaie sur un bouchon et on essaie de les faire tomber avec un petit morceau de bois rond, un «palet». Les petits ouvriers s'amusent aussi avec les hannetons, qui sont de gros insectes faciles à attraper. Les enfants leur attachent de petites boîtes, et les hannetons, en cherchant à s'enfuir, font la course, encouragés par les gamins.

Au XIXᵉ siècle, les enfants jouent à différents jeux : aux cartes, à la marelle ou à saute-mouton. Aujourd'hui, ces jeux sont encore d'actualité dans les cours de récréation.

JOSEPH

À LA TAILLANDERIE

Joseph travaille à la forge, plus précisément à la taillanderie. Dans une taillanderie, on fabrique tous les outils coupants : faux, serpes, haches... Ce n'est pas que le travail soit compliqué : Joseph est chauffeur et passe son temps à porter du bois bien sec pour alimenter le four ou à ranger les outils que les forgerons ont réalisés. Le plus pénible est d'être toute la journée dans l'atelier avec le bruit des lourds martinets qui frappent le métal. C'est un fracas assourdissant.

Les martinets sont des marteaux actionnés grâce à la force d'une chute d'eau, qui frappent fort la pièce de métal que le forgeron maintient sur l'enclume. Il faut passer et repasser chaque outil en fabrication jusqu'à obtenir un tranchant parfait. Joseph n'aime pas son travail, parce qu'il fait toujours la même chose, et il a envie de grandir et de devenir enfin forgeron. Il devra alors montrer son habileté à obtenir une faux à partir d'un simple morceau de fer. Et tant pis pour le bruit des martinets !

◀ ***La taillanderie est un monde mystérieux où l'on fabrique des outils tranchants. Joseph apprend à frapper le métal sur l'enclume exactement là où il le faut, afin d'obtenir les formes souhaitées.***

Jules Ferry (1832-1893) rend l'école obligatoire et gratuite. C'est finalement grâce à lui que le travail des enfants disparaît en France.

Les enfants cessent enfin de travailler

Les inventions de nouvelles techniques continuent durant la révolution industrielle. Les machines se perfectionnent. Certaines inventions permettent de supprimer le travail d'enfants. Les engins à air comprimé*, qui apparaissent dans les années 1870, et l'électricité, qu'on utilise dans l'industrie dès le début des années 1880, remplacent les moteurs à vapeur. Il n'y a donc plus besoin d'enfants pour charger en combustible les chaudières à vapeur. Dans les mines, le système de transport du charbon se modernise, avec des rails et des wagonnets en tôle qui transportent plus de matière que les anciens wagonnets en bois. Les enfants sont alors trop petits

* L'air comprimé permet d'actionner des machines. On utilise la force de l'air qu'on a pressé, comprimé, et qui se détend, qui retrouve son volume normal. Les marteaux-piqueurs utilisent l'air comprimé.

pour faire bouger ces engins qui sont vraiment très lourds.

Depuis les années 1840, des médecins, des savants, des écrivains et des hommes politiques s'opposent au travail des enfants. Peu à peu, grâce à des enquêtes comme celle de Villermé, ils prouvent que le travail des enfants est très mauvais non seulement pour les enfants, mais aussi pour l'ensemble du pays. En comparant la taille et la santé des jeunes hommes au moment de leur service militaire, des médecins constatent que ceux qui ont travaillé depuis l'âge de huit ou dix ans sont bien plus petits que ceux qui n'ont pas travaillé. Ils sont même parfois difformes, bossus ou tordus. Ces jeunes ne peuvent pas servir dans l'armée, et les médecins doivent les réformer, les renvoyer chez eux. Dans ces conditions, que va devenir l'armée française ?

Pour le gouvernement, la solution consiste à étudier des règles et des limites, à faire voter des lois. En 1833, en France, une première loi interdit le travail des enfants, uniquement pour ceux de moins de neuf ans. Mais les parents qui sont trop pauvres et les patrons mentent sur l'âge des enfants. En 1841, une nouvelle loi interdit le travail des enfants de moins de huit ans, mais personne n'est chargé de vérifier que la loi est appliquée... D'autres lois sont votées, toutes peu efficaces.

On comprend alors qu'il faut plusieurs conditions pour que le travail des enfants disparaisse vraiment.

D'abord, les enfants doivent être occupés ailleurs qu'au travail puisque leurs parents, eux, ne sont pas à la maison. Le mieux est d'obliger les enfants à aller à l'école... qui doit être gratuite si on veut qu'ils y aillent. De plus, les salaires des parents doivent être suffisants pour leur permettre de nourrir toute la famille sans faire travailler les enfants. Enfin, il faut que les mentalités changent, que les patrons comme les parents acceptent de ne plus voir d'enfants au travail.

En 1882, l'école devient gratuite et obligatoire jusqu'à l'âge de treize ans. C'est la réforme de Jules Ferry. Mais les habitudes mettent plus de temps à se perdre... Jusque vers 1914, des enfants de dix à douze ans continuent de travailler dans certaines fabriques. À cette date, en France, le travail des enfants a bel et bien disparu !

▲ **Finalement, devenir écolier a du bon ! Ces deux élèves font les fiers avec leur uniforme propre et élégant. Ils découvrent aussi les joies de la cigarette.**

JEANNOT
S'EN VA À L'ÉCOLE

L'inspecteur des fabriques, M. Gauthier, a débarqué un beau matin de 1883 dans la fonderie. Jeannot était en train de charger le charbon dans le haut-fourneau – qui permet d'obtenir de la fonte à partir du minerai de fer, en le chauffant très fort. Quand M. Gauthier lui a demandé son âge, Jeannot a répondu : « Dix ans. » C'était la vérité, mais Jeannot savait bien que le patron n'avait plus le droit de le faire travailler. Depuis les lois de Jules Ferry, il aurait dû être inscrit à l'école. Il en avait envie, mais ses parents ne comprenaient pas l'utilité d'apprendre à lire et à écrire. M. Gauthier a eu une longue discussion avec le patron, puis celui-ci a parlé avec les parents de Jeannot, qui l'ont inscrit à l'école !

Maintenant, Jeannot a appris à lire le journal, il sait écrire et veut devenir instituteur. Il sait aussi que d'autres enfants n'ont pas eu sa chance : M. Gauthier n'est pas passé dans toutes les fabriques des environs. S'il ne peut pas être instituteur, Jeannot aimerait bien être inspecteur des fabriques.

◄ ***Jeannot travaille dur : il porte des seaux d'eau, des masses de métal en fusion ou des outils très lourds. Heureusement, pour lui, tout change en 1883. Il abandonne définitivement le métier de forgeron et part étudier à l'école.***

▲ *À l'école, il y a aussi la discipline ! Cet élève a dû faire une bêtise ou a mal appris sa leçon. Mais même si on se fait tirer l'oreille, on y est bien mieux qu'à la fabrique !*

CRÉDITS PHOTOGRAPHIQUES

p. 8, *Vie d'une sucrerie*, Desavary C.P., Douai, Musée de la Chartreuse, ph. © Giraudon ; p. 9, *Moment du jeu des mineurs*, Parker H.P., G. B. , Nat. Coal Board, ph. © Bridgeman-Giraudon ; p. 10, *La Rocket*, illustration anglaise, Paris, Bibliothèque des Arts Décoratifs, ph. © J.-L. Charmet ; p. 11 gauche, *J.M. Jacquard et son métier à tisser*, imagerie publicitaire des chocolats Poulain, collection particulière, ph. © J.-L. Charmet ; p. 11 droite, *Une batteuse à vapeur*, chromo des chocolats Guérin, Paris, Bibliothèque des Arts Décoratifs, ph. © J.-L. Charmet ; p.12-13, *Usine Schneider au Creusot*, ph. © collection Viollet ; p. 14, *le tisserand*, Serusier P., Senlis, Musée d'Art et Achéologie, ph. © Lauros-Giraudon ; p. 15, *Les grandes usines*, Turgan, Versailles, Bibliothèque Municipale, ph. © Jean Vigne ; p. 16 haut, *Travail des enfants dans une briqueterie*, Graphic, Versailles, Bibliothèque Municipale, ph. © Jean Vigne ; p. 16 bas, *Le battage du blé*, Litho tirée de la série scolaire « Enseignement par les yeux » Hachette, Paris, Bibliothèque des Arts Décoratifs, ph. © J.-L. Charmet ; p. 17, *L'exploitation des enfants*, in L'année illustrée, 1868, ph. © Jean Vigne ; p. 18, *Atelier de fabrication des boulons*, ph. © Roger-Viollet ; p. 19, *Enfants travaillant dans les mines*, ph. © Roger-Viollet ; p. 20, *La vie souterraine, ou la mine et les mineurs*, L. Simonin, Paris, ph. © Jean Vigne ; p. 21 haut, *Intérieur d'une galerie avec berline*, J. Férat, Paris, Bibliothèque des Arts Décoratifs, ph. © J.-L. Charmet ; p. 21 bas, *Lampe de mineurs*, ph. © CNAM-Musée des Arts et Métiers, Paris ; p. 22 à gauche, in *À travers l'Alsace et la Lorraine*, Barclay, ph. © collection Kharbine-Tapabor ; p. 22 à droite, *James Watt et les diverses utilisations de la vapeur*, Chromo anonyme, Coll. Part., ph. © J.-L. Charmet ; p. 23, *Enfants aux bobineuses*, gravure anonyme, Paris, bibliothèque de l'ancienne, Fac de médecine, ph. © J.-L. Charmet ; p. 24, *Règlement de la raffinerie de sucre de Passy*, ph. © J.-L. Charmet ; p. 25, *Tapis et Tapisseries R. et L. Hamot*, ph. © collection Kharbine-Tapabor ; p. 26, *L'exploitation des enfants*, in L'année illustrée, 1868, ph. © Jean Vigne ; p. 27, *La fonderie*, Crowe E., New York, Forbes Magazine Collection, ph. © Bridgeman-Giraudon ; p. 28, *Le jour de visite à l'hôpital*, Geoffroy H. J. J., Vichy, Hôtel de ville, ph. © Lauros-Giraudon ; p. 29, *Portrait de Villermé*, ph. © AP-HP/Photothèque Direction de la communication ; p. 30, *Les hirondelles d'hiver*, in Le Petit Parisien, ph. © collection Kharbine-Tapabor ; p. 31, *Scène du choléra*, d'après Bouchot F., Paris, Musée Carnavalet, ph. © Musée de la ville de Paris, Musée Carnavalet, lauros-Giraudon ; p. 32, *La caisse de grève*, Steinlen A., Paris, Bibliothèque historique de la ville, ph. © J.-L. Charmet ; p. 33, *La grève des mineurs*, gravure d'après le tableau de Roll, in Le petit journal, ph. © J.-L. Charmet ; p. 34, *La semaine des enfants*, Versailles, Bibliothèque Municipale, ph. © Jean Vigne ; p. 35, *Les gamins de peignage*, ph. © collection Kharbine-Tapabor ; p. 36, *Le repas de midi*, Lhermitte L. A., Burnley, Towneley Hall, Art Gallery and Museum, ph. © Bridgeman-Giraudon ; p. 37 ph. © collection Viollet ; p. 38-39 ph. © Albin-Guillot-Viollet ; p. 40, *Spectacle de marionnettes*, Gilbert V. G., Londres, Christopher Wood Gallery, ph. © Bridgeman-Giraudon ; p. 41, *Intérieur de canuts*, Balthazar A., ph. © Musée Gardagne ; p. 42, *Les écoliers dans la cour d'une école*, Monnier H. B., Paris, Louvre, ph. © Giraudon/Lauros ; p. 43, *Le meeting*, M. Bashkirtseff, Paris, Musée d'Orsay, ph. © Lauros-Giraudon ; p. 44, *Les âges de l'ouvrier*, Frédéric L. H. M., Paris, Musée d'Orsay, ph. © Lauros-Giraudon ; p. 45, *Atelier de forgerons vers 1910*, ph © Harlingue-Viollet ; p. 46, *Jules Ferry*, Tiébault E., Paris, Musée Carnavalet, ph. © J.-L. Charmet ; p. 47, *La foire aux jambons. Enfants en uniformes d'écolier et fumant*, Grévin A., Paris, Bibliothèque des Arts Décoratifs, ph. © J.-L. Charmet ; p. 48, *Les forgerons, souvenir du Tréport*, Bonvins F., Toulouse, Musée des Augustins, ph. © Lauros- Giraudon ; p. 49, *Instruction obligatoire*, d'après un tableau de Geoffroy H., Paris, Musée Carnavalet, ph. © J.-L. Charmet.

Recherche iconographique : Natalie Saint-Martin

Achevé d'imprimer sur les presses de Proost en Belgique.
Dépôt légal : mars 2001
ISBN : 2-7320-3685-4